Saddexdii Orgi Ee Ilma Garaf

The Three Billy Goats Gruff

retold by
enriette Barkow

illustrated by
Richard Johnson

Somali translation by Adam Jama

mantra

Beribaa waxaa jiray saddex orgi oo gaajoonaya, waxaana la odhan jiray ilma Garaf. Waxay ku noolaayeen buur yar dhinaceeda. Orgidii waxay dhamaysteen wixii daaq iyo caws ku yaallay meeshaas waxayna u baahdeen cunto kale.

Once there were three very hungry billy goats called Gruff. They lived on the side of a steep steep hill. The Billy Goats Gruff had eaten all the green green grass and needed to find some food.

Dooxada hoose waxay Origidu ku arkeen doog iyo daaq wanaagsan. Laakiin si ay u gaadhaan waa inay ka gudbaan biriij. Biriijka hoostiisa waxaa ku noolaa bahal gaajoonaya oo la yidhaahdo ...

In the valley below the Billy Goats Gruff could see the fresh green grass, but to reach it they had to cross over a bridge.
And under that bridge lived a mean and hungry ...

TAROOL.

TROLL.

"Waan gaajoonayaa!" ayuu yidhi Orgigii ugu horreeyay. "Waxaan soo daaqayaa dooggaas cusub," markaasuu cararay intaanay kuwii kale joojinnin. **Qudhuf qadhaf, qudhuf qadhaf** biriijkii buu gaadhay, markaasaa ...

"I'm hungry!" said the first Billy Goat Gruff. "And I'm going to eat that fresh green grass," and before the others could stop him, off he ran. **Trip trap, trip trap** across the bridge he went when ...

cod jibaaday: "Waa ayo cidda **qudhuf qadhaf leh** biriijkayga?"
"Waa aniga uun," ayuu yidhi Orgigii ugu yaraa, cod yar oo
baqdin la gariiraya.
"Haye, anigu ma naxo oo waan gaajoonayaa oo waan ku cunayaa!"
ayuu yidhi Tarool.

a voice roared: "Who's that **trip trapping** on **my** bridge?"
"It's only me," said the youngest Billy Goat Gruff, in a tiny, trembling voice.
"Well, I'm mean, and I'm hungry and I'm going to eat you up!" growled the Troll.

"Waxaan kaa codsanayaa inaanad icunin. Wax yar oo caato ah baan ahaye. Walaalkay baa soo socda. Aad iyo aad buu iiga shilisyahay." Orgigii yaraa baa baryay.

"Please, don't eat me. I'm only little and thin. My brother is coming and he's much much bigger than me," pleaded the youngest Billy Goat Gruff.

"Haa waa runtaa, harag iyo lafo qudha baad tahay," Tarool baa
ku raacay. "Hilibba ma lihid. Walaalkaaga weyn baan iska sugi doonaa."
Sidaasaa Orgigii ugu horreeyay biriijkii kaga gudbay oo bilaabay
inuu daaqo dooggii cusbaa.

"Well yes, you *are* all skin and bones," agreed the Troll. "There's no meat on you.
I'll wait for your bigger brother."
So the first Billy Goat Gruff crossed over the bridge and started to eat the fresh green grass.

Orgigii dhexe ayaa yidhi, "Haddii walaalkaygii yaraaba ka gudbi karay biriijka anna waan ka gudbi karaa!"
Qudhuf qadhaf, qudhuf qadhaf biriijkii buu gaadhay, markaasaa …

The second Billy Goat Gruff said, "If my little brother can cross the bridge, then so can I!"
Trip trap, trip trap across the bridge he went when …

cod jibaaday: "Waa ayo cidda **qudhuf qadhaf leh** biriijkayga?"
"Waa aniga uun," ayuu yidhi Orgigii dhexe, cod yar oo baqaaya.

a voice roared: "Who's that **trip trapping** on **my** bridge?"
"It's only me," said the middle Billy Goat Gruff, in a small, scared voice.

"Haye, anigu ma naxo oo waan gaajoonayaa oo waan ku cunayaa!"
ayuu yidhi Tarool.
"Waxaan kaa codsanayaa inaanad icunin. Wax yar oo caato ah baan
ahaye. Walaalkay baa soo socda. Aad iyo aad buu iiga shilisyahay."
Orgigii dhexe baa baryay.

"Well, I'm mean, and I'm hungry and I'm going to eat you up!" growled the Troll.
"Please don't eat me. I'm only little and thin. My other brother is coming and he's much
much bigger than me," pleaded the middle Billy Goat Gruff.

"Haa waa runtaa, harag iyo lafo qudha baad tahay," Tarool
baa ku raacay. "Hilib badani kuguma yaal. Walaalkaaga
weyn baan sugi doonaa."
Sidaasaa Orgigii dhexena kaga gudbay biriijkii oo bilaabay
inuu daaqo dooggii cusbaa.

"That's true, you *are* all skin and bones," agreed the Troll. "There's
not enough meat on you. I'll wait for your bigger brother."
So the second Billy Goat Gruff crossed over the bridge and started to
eat the fresh green grass.

Hadda laba orgi ayaa daaqaya cawskii orgi qudha oo
gaajoonaya ayaa buurtii ku hadhay.
Bal sidee Orgiga ugu weyni biriijka uga soo gudbi doonaa?

Now there were two billy goats in the fresh green meadow and
one very hungry billy goat left behind.
How could the third and oldest Billy Goat Gruff
cross over the bridge?

"Haye," waxaa fekeray Orgigii ugu weynaa, "haddii kuwii kaleba ka gudbeen biriijka anna waa inaan ka gudbaa!"
Qudhuf qadhaf, qudhuf qadhaf biriijkii buu gaadhay, markaasaa ...

"Well," thought the third Billy Goat Gruff, "if the others can cross that bridge then so can I!"
Trip trap, trip trap across the bridge he went when ...

cod jibaaday: "Waa ayo cidda qudhuf qadhaf leh biriijkayga?"
"Waa aniga!" ayuu ku dhawaaqay Orgigii ugu weynaa ee ina Garaf.
"Anigu waan shilisahay oo xoog weynahay, kaana biqi maayo!" -
laakiin runtii wuu ka baqaayaay.

a voice roared: "Who's that **trip trapping** on **my** bridge?"
"It's me!" bellowed the oldest Billy Goat Gruff. "And I'm big,
and I'm strong, and I'm not scared of you!" - although he really was.

"Haye, anigu ma naxo oo waan gaajoonayaa oo waan ku cunayaa!" ayuu yidhi Tarool.
"Sidaasay adiga kula tahay!" ayuu yidhi Orgigii weynaa. Waxaa laga yaabaa inaanad nixin oo aad gaajoonayso. Laakiin haddaad karikarto kaalay icun."

"Well, I'm mean, and I'm hungry and I'm going to eat you up!" growled the Troll. "That's what you think!" said the oldest Billy Goat Gruff. "You may be mean, and you may be hungry. But if you want to eat me, come and get me."

Tarool baa intuu biriijka dushiisii soo koray
kusoo orday Orgigii saddexaad.

The Troll climbed onto the bridge and rushed towards the third Billy Goat Gruff.

Laakiin Orgigii diyaar buu u ahaa. Intuu geesaha hoos udhigay ayuu ciddiyaha dhulka ku qoday ... **qudhuf qadhaf, qudhuf qadhaf** ... markaasuu xaggii Tarool usoo orday.

But the third Billy Goat Gruff was ready for him. He lowered his horns, he stamped his hooves ... **trip trap, trip trap** ... and charged towards the Troll.

Orgigii saddexaad ee ina Garaf baa hirdiyay Tarool-kii aan nixi
jirin ee gaajoonayay oo, geesihiisii waawaynaa ku qaaday.

The third Billy Goat Gruff butted that mean and hungry Troll with his big sharp horns.

Markaasaa Tarool hawada loo
qaaday.

The Troll went flying through
the air.

Oo lagu dhex tuuray
biyihii qaboobaa.

He landed with a mighty splash, in
the cold cold water.

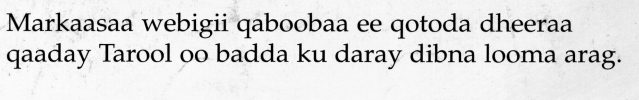

Markaasaa webigii qaboobaa ee qotoda dheeraa
qaaday Tarool oo badda ku daray dibna looma arag.

The deep deep river carried the mean and hungry Troll out to
sea and he was never seen again.

Mise waa maya?

Or was he?

Laga bilaabo waqtigaana saddexdii Orgi ee ilma Garaf dib uma gaajoonin. Dooggii ayay siday doonaan udaaqeen. Markay doonaanna biriijkay ka gudbeen **qudhuf qadhaf**.

Now the three Billy Goats Gruff aren't hungry anymore. They can eat as much fresh green grass as they want. And they can **trip trap** across the bridge whenever they like.

For Debbie, Denise, Katy, Jimbo, Rob & all the trolls!
H.B.

To Mum, Dad, Laura & David
R.J.

First published 2001 by Mantra Publishing Ltd
5, Alexandra Grove, London N12 8NU
http://www.mantrapublishing.com

Printed in Italy